BEI GRIN MACHT SICH IHR
WISSEN BEZAHLT

- Wir veröffentlichen Ihre Hausarbeit,
  Bachelor- und Masterarbeit

- Ihr eigenes eBook und Buch -
  weltweit in allen wichtigen Shops

- Verdienen Sie an jedem Verkauf

Jetzt bei www.GRIN.com hochladen
und kostenlos publizieren

Bibliografische Information der Deutschen Nationalbibliothek:

Die Deutsche Bibliothek verzeichnet diese Publikation in der Deutschen National-
bibliografie; detaillierte bibliografische Daten sind im Internet über http://dnb.d-
nb.de/ abrufbar.

Impressum:

Copyright © 2004 GRIN Verlag, Open Publishing GmbH
Druck und Bindung: Books on Demand GmbH, Norderstedt Germany
ISBN: 9783640632640

Dieses Buch bei GRIN:

http://www.grin.com/de/e-book/151338/der-krieg-in-tschetschenien

Stefan Erminger

Der Krieg in Tschetschenien

Die Präsidentschaft Putins

GRIN Verlag

Analyse

Der Krieg in

Tschetschenien

Die Präsidentschaft Putins

01.07.2004

Der Krieg in Tschetschenien und die Präsidentschaft Putins

Zusammenfassung

Eine nähere Beschäftigung mit der Vorgeschichte der Eskalation im Nordkaukasus (August 1999) führt zu der Vermutung, Moskauer Politiker hätten seit 1997 auf eine Verschlechterung der Beziehungen zwischen Russland und Tschetschenien hingewirkt und außerdem zu einer weiteren Destabilisierung der Lage in Tschetschenien beigetragen Offenbar war bereits Ende 1998 die Entscheidung für eine militärische Lösung des Konflikts und über die unbedingte Wiedereingliederung Tschetscheniens gefallen. Zu diesem Szenario gehörte auch die Tolerierung. möglicherweise sogar Förderung extremistischer Kralle im Nordkaukasus Das bisherige Agieren Putins spricht dafür, dass er die von der Verfassung (1993) vorgesehene starke Position des Präsidenten konsequent für die Sicherung der Staatlichkeit und der territorialen Integrität des Landes nutzen wird.

Inhalt

Da die Berufung W. Putins zum Ministerpräsidenten mit dem Beginn größerer Militäraktionen in Dagestan und Tschetschenien zusammenfiel, liegt es nahe, Putin als amtierenden Präsidenten auch danach zu beurteilen, welche Rolle er in diesem Konflikt zwischen der Zentralregierung und dem latenten Unruheherd im Nordkaukasus gespielt hat. Dabei darf nicht vergessen werden, dass Putin bereits seit 1996 in der Präsidialadministration und dann ab August 1998 als Direktor des Inlandsgeheimdienstes FSB, später auch als Sekretär des Sicherheitsrates, maßgeblichen Einfluss auf politische Entscheidungen Jelzins und der Regierung hatte Die oft geäußerte Meinung. Jelzin habe Putin vor allem deshalb an die Stelle Stepaschins gesetzt, weil letzterer nicht zu einem harten

Vorgehen bereit gewesen sei. trifft so nicht zu. Die wesentlichen Gründe für seine Ablösung müssen offenbar auf anderen Gebieten gesucht werden - es ist durchaus denkbar, dass er mitunter eine für die Jelzin-Umgebung zu selbständige Politik vertreten hat.[1] Auslösung und Verlauf des zweiten Tschetschenienkrieges sind primär im Zusammenhang mit der Machterhaltungsstrategie der herrschenden Schichten, nicht zuletzt auch der Militärführung und von Vertretern des Militärisch-industriellen Komplexes, zu sehen. Die folgenden Überlegungen beschränken sich auf ausgewählte Aspekte der Beziehung zwischen Russland und Tschetschenien Es ist zu berücksichtigen. dass vielfach nur unvollständige und oft auch widersprüchliche Informationen zur Verfügung stehen.

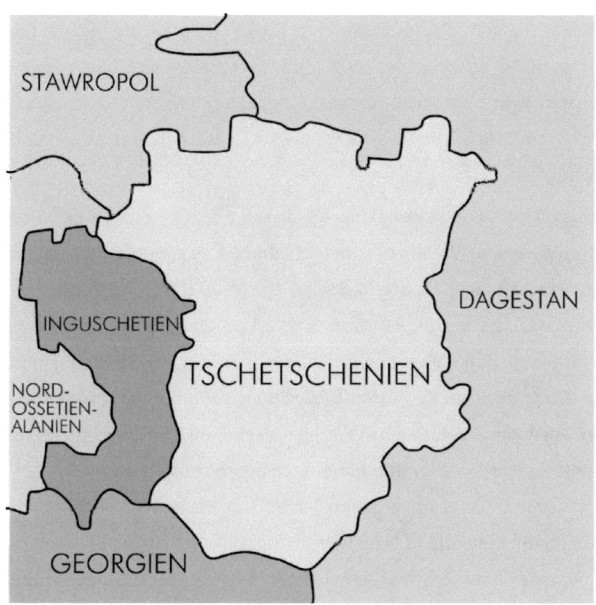

[1] Möglicherweise spielt bei den Beziehungen zwischen Stepašin und Maschadov eine Rolle, dass letzterer im ersten Tschetschenienkrieg Stepašin das Leben geredet haben soll (Moskovskie novosti - im Folgenden als MN, Nr. 22/1999, S. 8). Noch im Juni 1999 trafen sich in der neuen inguschetischen Hauptstadt Magas Stepašin und Maschadov, um ihre positive Einstellung zur Hinrichtung eines "Sonder-Zoll-Gebiets" in Inguschetien zu dokumentieren (MN, Nr. 22/1999, 8. 8). Es ist aber festzuhalten, dass sich Stepašin im August 1999 eindeutig hinter das Vorgehen Putins gestellt hat (Financial Times, 31.1.2000, elektr. Fassung).

Entwicklungen im Nordkaukasus (nach 1996/97)

Nach 1991 haben sich Tendenzen der politischen Entwicklung in Russland auch auf den Nordkaukasus ausgewirkt, insbesondere Deformationen des politischen Systems und der Rechtsordnung. Es ist der Moskauer Führung während der neunziger Jahre nicht gelungen, allgemein akzeptierte Prinzipien einer zeitgemäßen Nationalitäten- und Regionalpolitik, insbesondere auch eine Konzeption der Kaukasuspolitik, auszuarbeiten und umzusetzen. Wie im gesamten islamisch geprägten Kaukasusgebiet haben die fundamentalistischen Wahhabiten auch in Tschetschenien und Dagestan in den vergangenen Jahren ihre Anhängerschaft vergrößern können, verstärkt offenbar seit 1997. Experten weisen daraufhin, dass dieses Phänomen auch als Reaktion auf dort herrschende Clans zu verstehen ist, die sich krimineller Methoden der Machterhaltung bedienen und wenig gegen die ausufernde Korruption unternehmen; Vertreter des offiziellen Islam haben sich in der Regel mit diesen Machtstrukturen arrangiert. Schariat-Normen propagierende Aktivisten seien nicht zuletzt deshalb erfolgreich, weil sie an die im Volk verbreiteten moralisch-geistigen und rechtlichen Werte appellierten.[2]

Die gegenwärtig tonangebenden Moskauer Politikplaner gehörten offenbar bereits 1996 zu denen, die dem damals geschlossenen Waffenstillstand ablehnend gegenüber gestanden haben. Von daher lässt sich vermuten, dass für sie in den Jahren 1996-1999 die Förderung von Tendenzen im Vordergrund stand, die eine Revision der Vereinbarungen von 1996 und 1997 plausibel erscheinen lassen würden. Zunehmend häufiger wurde der Waffenstillstand von Chasawjurt als Verrat an den Interessen Russlands bezeichnet. Putin hat dann sogar den 1996 - angeblich - deutlich gewordenen "Defätismus" mit dem Verhalten der Bolschewiki im 1. Weltkrieg verglichen.[3] Damit soll zwar in erster Linie A. Lebed getroffen werden, doch richtet sich diese massive Kritik im Grund auch gegen Jelzin. Um seine Wahlchancen zu verbessern, hatte dieser im Frühjahr 1996 die in Nasran verhandelnden Politiker Stepaschin und W. Sorin anweisen lassen, eine Vereinbarung über Waffenruhe zu unterschreiben und später Lebed grünes Licht für die Vereinbarung von Chasawjurt gegeben.[4] Dass bis August 1997 ein detaillierter Grundlagenvertrag zwischen Russland und Tschetschenien

---

[2] Vgl. dazu eine interessante Expertise von L. Sjukijajnen in: MN, Nr. 35/1999, S. 6. Über die Wahhabitenproblematik vgl. auch Nezavisiniaja gazeta - im folgenden als NG, 8.10., und Segodnja - im folgenden als Sg, 9.10.1999 (beide elektr. Fassung).

[3] Äußerungen Putins in einem ORT-Interview am 7.2.2000. Stark polemisch hatte sich der tschetschenische General I. Sulejmenov über den Waffenstillstand von Chasawjurt geäußert: Vek, Nr. 36/1999, S. 4.

[4] MN, Nr. 22/1999, S. 8.

ausgearbeitet worden war, der bei dem damaligen zweiten Treffen der beiden Politiker dann allerdings doch nicht unterschrieben wurde, und dass Moskau den sich aus den getroffenen Vereinbarungen ergebenden Verpflichtungen (insbesondere hinsichtlich des Wiederaufbaus des zerstörten Landes) nicht nachgekommen ist, wird in den russischen Medien kaum erwähnt.[5] Wiederholt hat sich Maschadow um ein Treffen mit Jelzin bemüht, um die entstandenen Probleme zu besprechen. Jelzin hat auch einige Male seine Bereitschaft erklärt, doch ist es dazu nach August 1997 nicht mehr gekommen. Noch am 10. August 1999, als Putin bereits amtierender Ministerpräsident war. berichtete eine Moskauer Zeitung von den laufenden Vorbereitungen für ein unmittelbar bevorstehendes Treffen zwischen Jelzin und Maschadow und wies auf die sehr weitgehende Kooperationsbereitschaft Maschadows hin.[6] Nach Darstellung des damaligen Generalbevollmächtigten Tschetscheniens in Russland, M. Watschagajew, hat Maschadow bis Anfang Oktober 1999 eine massive Militäraktion Russlands gegen Tschetschenien nicht für möglich gehalten.

Spätestens im Frühjahr 1999 mehrten sich die Anzeichen einer Eskalation der Beziehungen zwischen Moskau und Tschetschenien. Einer der Gegenspieler Maschadows, S. Jandarbijew, setzte im Zusammenwirken mit fundamentalistischen Kreisen die Schariat-Verfassung (3.2.1999) durch, was eine weitere Schwächung der Position des Präsidenten bedeutete, Wie bei früheren Kompromissen mit fundamentalistischen Führern hoffte Maschadow offenbar auch bei seiner Zustimmung zu dieser staatsrechtlichen Veränderung, Teile der Opposition für sich gewinnen und damit seine Position festigen zu können[7]. Russische Medien berichteten wiederholt von "expansionistischen Plänen Tschetscheniens", wobei meist nicht zwischen der legitimen Führung und einzelnen extremistisch-terroristischen Gruppen differenziert wurde. So wurde behauptet. Anführer tschetschenischer Sippen (Teips) intensivierten ihren Einfluss auf die Nachbarregionen, wollten dadurch den gesamten Kaukasus destabilisieren und so eine Einmischung Russlands - mit einem daraus resultierenden "großmaßstäblichen Krieg" - provozieren. Auch hieß es, die tschetschenische

---

[5] Kommersant-vlast', Nr. 37/1999, S. 16; bemerkenswert auch eine entsprechende Darstellung des Unternehmers Ju. Fotenko in: Obščaja gazeta - im folgenden als OG. Nr. 51/1999, S. 15. Vgl. zu dieser Problematik auch U. Halbach, Die Tschetschenische Republik Itschkeria 1998, Aktuelle Analysen des BIOst, Nr. 49/1998, sowie C. Wagner, Die Beziehungen zwischen Groznyj und Moskau in der Zwischenkriegszeit, in: M. Sapper (Hg.), Russland und der zweite Tschetschenienkrieg, Untersuchungen des FKKS (Forschungsschwerpunkt Konflikt- und Kooperationsstrukturen in Osteuropa an der Universität Mannheim), 22/1999, S. 8-15.
[6] NG, 10.8.1999 und 19 2.2000 (beide elektr. Fassung).
[7] Eine sehr detaillierte Darstellung der innenpolitischen Entwicklung durch T. Muzaev, Čečenskij krizis - 99, Informacionno-ekspertnaja gruppa "Panorama". Moskva 1999: vgl. auch U. Raibach, a.a. O. Über Jandarbiev OG, Nr. 20/1999, S. 2

Führung plane eine Militäraktion in Dagestan mit dem Ziel eines Korridors zum Kaspischen Meer, um von den inneren Problemen des Landes abzulenken.[8] Bei einem Treffen mit den Führern der nordkaukasischen Republiken bezeichnete es Jelzin als durchaus denkbar, dass "destruktive Elemente, insbesondere Wahhabiten", die Macht in Tschetschenien übernehmen könnten. Auf einer Sitzung des Kollegiums der Generalstaatsanwaltschaft (April 1999) wurde erklärt, dass die Zunahme der Kriminalität und des religiösen Extremismus im Kaukasus eine zunehmend größere Gefahr für die nationale Sicherheit Russlands bedeute. Von den 1998 registrierten 21 terroristischen Akten entfielen 12 auf den Nordkaukasus. Bei weiterer Verschärfung der Sicherheitslage im Grenzgebiet werde das Innenministerium an der Grenze zu Tschetschenien ein "besonderes Grenzregime" anordnen, um Anschläge in Russland selbst zu verhindern.[9] Tatsächlich ist es im April zu einer etwas nachhaltigeren Sicherung der Grenze Tschetscheniens mit Dagestan und mit dem Gebiet Stawropol gekommen. Maschadow hat zu diesem Zeitpunkt (4. Juni) versucht, die Bevölkerung zum Kampf gegen Terroristen. Banditen und Entführer zu mobilisieren sein Ziel war ein Dschihad gegen das Böse; dieser Aufruf hat nicht zu nachhaltigen Erfolgen geführt.[10]

Eine "Wende" im August 1999?

Vieles spricht dafür, dass nicht endogen tschetschenische Entwicklungen der Grund für die Eskalierung im August 1999 gewesen sind Festzuhalten ist, dass bereits im Herbst 1998 in Moskau ein "Vereinigter Koordinationsstab" eingerichtet wurde, dem neben Vertretern des Verteidigungsministeriums und des Inlandsgeheimdienstes auch Mitarbeiter der Generalstaatsanwaltschaft - nicht aber ziviler Ressorts - angehörten. Der damalige Vertreter des Präsidenten in Nordossetien und Inguschetien, W. Kalamanow, kritisierte indirekt die Zusammensetzung und Zielrichtung dieses Stabs, der eine Umsetzung der Forderung Primakows nach einer zukunftsorientierten einheitlichen Kaukasuspolitik verhindere[11]. Der bereits erwähnte Vertreter Tschetscheniens in Russland. M. Watschagajew. hat behauptet, die endgültige Entscheidung über ein gewaltsames Vorgehen in Tschetschenien sei auf einer im Dezember 1998 stattgefundenen Sitzung des Sicherheitsrats gefallen. Nach Aussagen Stepaschins sind die Vorbereitungen für die Militäraktion im März 1999 angelaufen.

---

[8] Eine frühe Darstellung expansionistischer Absichten in einem Artikel der dagestanischen Journalistin G. Murklinskaja (NG, 14.2.1998), später dann z.B. in Vek, Nr. 16/1999, S. 4. und NG Regiony, 8.2.2000 (elektr. Fassung).
[9] Bericht über diese Ereignisse in: Vek, Nr. 16/1999. S. 4.
[10] MN, Nr. 21/1999.
[11] Vlast', Nr. 10-11/1998, S. 78.

Zunächst sei von der Zielvorstellung ausgegangen worden, das nördliche Drittel Tschetscheniens in eine militärisch besetzte "Pufferzone" zu verwandeln. Die aktiven Vorbereitungen für die Invasion seien im Zeitraum Mai bis August weitergegangen. Ab Mai gab es wiederholt - als Vergeltungsschläge Raketenangriffe von russischer Seite.[12]

Verschiedene Versuche, eine gewisse Verbesserung der Lebenssituation im Nordkaukasus zu erreichen, um eine Wiederholung des Szenarios zu verhindern, sind erfolglos geblieben. Viele Politiker haben sich für ein modifiziertes, der Verfassung von 1993 entsprechendes Gesetz über den Ausnahmezustand eingesetzt. Das von S. Kowaljow erarbeitete Gesetz war 1991 vom Obersten Sowjet der RSFSR angenommen, in der Folgezeit aber nicht den veränderten staatsrechtlichen Bedingungen angepasst worden.[13] Im Frühjahr befasste sich die Duma mit einem von dem kommunistischen Abgeordneten W. Sorkalzew eingebrachten Gesetzentwurf "Über ein zeitweise unkontrollierbares Territorium"; der frühere Chef der Grenztruppen, A. Nikolajew, schlug ein "Gesetz über ein aufständisches Territorium" vor. Die Initiatoren gingen dabei von der Vorstellung aus, dass der Präsident per Ukas die erforderlichen Maßnahmen anordnen könnte, ohne auf die Zustimmung des Föderationsrats angewiesen zu sein. Voraussetzung für die Einleitung einer Aktion sollte "eine reale Gefahr für die territoriale Integrität Russlands" sein. In jedem Fall sollten zunächst die Möglichkeiten von "Verhandlungsmechanismen" zur Krisenregulierung ausgeschöpft werden. [14] Neben Widerstand im Föderationsrat scheinen auch andere Interessen der Schaffung eines solchen Instruments zur Konfliktregelung entgegengestanden haben. Als Beleg kann beispielsweise der vergebliche Versuch des Parlaments des Gebiets Stawropol angeführt werden, die Staatsduma zur Verabschiedung eines Gesetzes "Über zusätzliche Maßnahmen zur Gewährleistung der Sicherheit im Gebiet Stawropol" zu veranlassen. Nachdem der Gesetzentwurf bereits 1997 eingebracht worden war, entschied das Komitee für Sicherheit im Juni 1999, dass ein solches Gesetz nicht sinnvoll sei. Folgenlos blieb auch der Appell des Föderationsrats an Jelzin (Januar 1999), in diesem Gebiet den Ausnahmezustand auszurufen.[15] Aufgrund der äußerst angespannten Lage in Dagestan befasste sich am 17. August 1999 das Dumakomitee für Verteidigung mit den rechtlichen Voraussetzungen einer Krisenbewältigung Hervorzuheben ist, dass an dieser Beratung auch Vertreter der

---

[12] Äußerung von M. Vačagaev in: NG, 19.2.2000 (elektr. Fassung). Wiedergabe eines Interviews von Stepašin in: Financial Times, 31.1.2000 (elektr. Fassung).
[13] Über S. Kovalev vgl. Otkrytaja politika, Nr. 11-12/1999, S. 42.
[14] Über die Gesetzesinitiativen vgl. Kommersant-vlast¹, Nr. 23/1999, S. 30-33, und Vek, Nr. 41/1999, S. 4.
[15] Kommersant-vlast', Nr. 23/1999, S. 32. Hinweis auf die Initiative des Föderationsrats bei: C. Wagner, a.a.O., S. 13.

Machtministerien, des Sicherheitsrats und der Generalstaatsanwaltschaft teilnahmen, Das Komitee setzte eine Arbeitsgruppe ein, die Vorschläge für notwendige Änderungen der Gesetze über den Ausnahmezustand, über Verteidigung sowie über die Binnentruppen ausarbeiten sollte.[16]

Das Vordringen bewaffneter Gruppen aus Tschetschenien nach Dagestan und die wiederholten terroristischen Akte in Moskau und anderen Städten Russlands sind als wesentliche Anlässe für den Einmarsch russischer Truppen in Tschetschenien bezeichnet worden. Hinsichtlich der Aktionen Bassajews in Dagestan ist festzuhalten, dass sich Maschadow in einem an das Volk Dagestans gerichteten Appell (14.8.1999) eindeutig vom Vorgehen Bassajews distanziert hat. Allerdings hat dies der Vorsitzende des Staatsrats Dagestans, M. Magomedow, nicht zur Kenntnis genommen. Nach Darstellung Watschagajews wären ein früher erfolgtes energisches Vorgehen Maschadows gegen Bassajew - und dadurch ausgelöste bewaffnete Auseinandersetzungen in Tschetschenien - von Moskau als Verletzung des Friedensvertrags vom 12. Mai 1997 und als Vorwand für ein militärisches Eingreifen benutzt worden.[17] Obwohl die Untersuchungen der Vorfälle offenbar nicht sehr zügig vorangebracht worden sind und es auch Hinweise auf die Verstrickung von Geheimdiensten Russlands in diese Terrorakte zu geben scheint,[18] sprach Putin in seiner Dumarede am 14. September von einer "tschetschenischen Spur bei den Moskauer Terroranschlägen" und von notwendigen Maßnahmen zur Gewährleistung der Sicherheit in ganz Russland. Unterschlagen wurde, dass Maschadow nach den Anschlägen Kondolenzschreiben u.a. an Jelzin und den Sprecher des Föderationsrats, Je. Strojew, gerichtet hat.[19] Auffällig ist, dass Präsident Jelzin noch am Vortag in seinem "Appell an die Bürger Russlands" zwar die Notwendigkeit eines harten Vorgehens gegen den Terrorismus betont hatte, gleichzeitig aber ausdrücklich darauf hingewiesen hatte, dass der Terrorismus "keine Nationalität und keinen Glauben" habe.[20] Als ausgesprochener Scharfmacher trat bereits Ende Juli Innenminister W. Ruschajlo hervor. In seiner ersten Pressekonferenz berichtete er über Tendenzen der Kriminalitätsentwicklung in Russland, anschließend über die angespannte Lage im Grenzgebiet zu Tschetschenien. Nach Aufzählung der vom Innenministerium

---

[16] Sg, 18.8.1999 (elektr. Fassung).
[17] NG, 19.2.2000 (elektr. Fassung).
[18] Diesen Verdacht hat z.B. A. Lebed' wiederholt geäußert (Literaturnaja gazeta - im Folgenden als LG, Nr. 40/1999, S. 1). Hinzuweisen ist auf die Aussagen eines von den Tschetschenen gefangengenommenen GRU-Offiziers (The Independent, 6.1.2000).
[19] NG, 15.9.1999 (elektr Fassung). Die Kondolenzschreiben erwähnte Maschadov in einem Interview: Kommersant-vlast', Nr. 37/1999, S. 16.
[20] NG, 14 9.1999 (elektr. Fassung).

unternommenen Gegenmaßnahmen (auch Luftangriffe) demonstrierte er ein Horrorvideo über Folterungen und Ermordungen russischer Soldaten in Tschetschenien, das seine Wirkung auf die anwesenden Journalisten natürlich nicht verfehlte.[21]

Die Moskauer Führung hat offenbar kaum gezielte Operationen gegen führende Terroristen unternommen. Einige standen zwar auf den Fahndungslisten der zuständigen Organe Russlands und von Interpol, doch ist es nicht zu Festnahmen oder Versuchen ihrer Liquidierung gekommen. Ein früherer Geheimdienstoffizier teilte im August dem Mitarbeiter einer Moskauer Wochenzeitung mit, den Geheimdiensten seien die Aktivitäten von Kampfgruppen in Dagestan durchaus bekannt gewesen. Trotzdem hätten weder Inlandsgeheimdienst noch Sicherheitsrat etwas dagegen unternommen. In diesem Zusammenhang ist zu erwähnen, dass sich die Feldkommandanten Bassajew und Chattab nach Abklingen der Kämpfe in Dagestan problemlos aus Dagestan zurückziehen konnten.[22] Auf einem im Moskauer Hotel "Kosmos" veranstalteten Kongress der Vertreter der tschetschenischen Diaspora (November 1999) warfen die meisten Redner in Anwesenheit des stellvertretenden Stabschefs Manilow und des Nationalitätenministers Mi- chajlow dem Kreml vor, lange vor dem Eindringen Bassajews nach Dagestan von einer bevorstehenden terroristischen Aktion gewusst zu haben.[23] Der Präsident Inguschetiens, A. Auschew, hatte bereits im August einen Zusammenhang zwischen dem Krieg in Nordkaukasus und den bevorstehenden Wahlen in Russland gesehen und Moskau ein "doppeltes Spiel" vorgeworfen Anstatt gegen die 2.000 bis 3.000 eingefallenen Söldner mit regulären Truppen vorzugehen, mache man den mobilisierten Volkssturm zum "Kanonenfutter" und sorge für das Hinausziehen der Kämpfe. An diese Freiwilligen gab das Innenministerium Dagestans 15.000 Kalaschnikow-Gewehre aus, die dann sogar teilweise in die Hände der Gegenseite gerieten. Putins am 10. August erfolgte Ankündigung, "der Aufstand in Dagestan" werde in zehn Tagen niedergeschlagen, muss insofern als propagandistisches Ablenkungsmanöver bezeichnet werden.[24]

---

[21] NG, 28 7 1999 (elektr, Fassung).
[22] MN, Nr, 31/1999, S. 4. Vgl. auch U. Halbach, Krieg m Dagestan, Aktuelle Analysen des BIOst, Nr. 28/1999.
[23] Vek, Nr. 42/1999; LG, Nr. 46/1999, S. 1.
[24] MN, Nr. 32/1999, S. 6. Die Waffenausgabe in: Sg. 27,8.1999 (elektr, Fassung).

Der Militäreinsatz

Für die bereits angedeuteten Differenzen innerhalb der Staats- und Militärführung hinsichtlich des Tschetschenienkrieges spricht auch, dass Fragen des Oberkommandos, der taktischen Kampfführung und des Einsatzes von Militärpersonal im Spätsommer 1999 offenbar noch strittig waren. War ab dem 7. August zunächst das Innenministerium zuständig, so wies Jelzin Mitte des Monats dem Verteidigungsministerium die Schlüsselrolle zu. Einen Eklat gab es am 26 August, als erste Luftangriffe auf Grosny gemeldet wurden. Während Inlandsgeheimdienst, Innenministerium und Militärvertreter in Machatschkala die Angriffe bestätigten, bestritten dies Sergejew und der Chef der Luftlandetruppen. Kornukow Tatsächlich waren die Angriffe vom Chef des Generalstabs, A. Kwaschnin, und dem Kommandierenden des Nordkaukasischen Militärbezirks, General W Kasanzew, angeordnet worden Noch am gleichen Tag ging der Oberbefehl wieder an das Innenministerium über. Mehrere Kommentatoren wiesen darauf hin, dass es sich um eine Wiederholung des Kompetenzdurcheinanders im Fall der Besetzung des Flughafens Prischtina gehandelt habe.[25] Auch im September soll es über die Vorgehensweise in der Führung noch Meinungsverschiedenheiten gegeben haben. Nach Darstellung des Vorsitzenden des Komitees für Sicherheit und Verteidigung des Föderationsrats. A. Rjabow, wurde im Verlauf einer Sitzung des Sicherheitsrats massive Kritik an den Machtministerien, insbesondere an ihrem unkoordinierten Vorgehen, geäußert - wegen der Polemik A. Ruzkojs habe Verteidigungsminister Sergejew sogar die Sitzung verlassen.[26]

Hatte Putin noch Mitte August 1999 erklärt, es sei unmöglich, "... ein Volk mit Gewalt zu unterwerfen", so äußerte Sergejew nach einer Unterredung mit Putin Ende September, es werde "... Raketen- und Luftangriffe so lange geben, bis der letzte Bandit vernichtet" sei.[27] Tatsächlich haben die für Luftangriffe Verantwortlichen auf das in Afghanistan erprobte Modell der "Bombenteppiche" zurückgegriffen, und wiederholt ist von einer erstrebenswerten Taktik der "verbrannten Erde" gesprochen worden. Zu einem sehr frühen Zeitpunkt hat der Sprecher der Duma, G. Selesnjow, den Einsatz von Vakuumbomben verlangt.[28] Der erste stellvertretende Chef des Generalstabs, W. Manilow, hat auf die Frage

---

[25] Sg, 27.8.1999 (elektr. Fassung).
[26] Sg, 24.9.1999 (elektr. Fassung).
[27] Äußerungen von Putin nach: NZZ, 21.8.1999, und von Sergeev: Sg, 28.9.1999 (elektr. Fassung).
[28] Äußerung von Seleznev nach einer Interfax-Meldung in: Fernseh- und Hörfunk-Spiegel Ausland des BPA, Nr. 180, 17.9.1999. Über den Einsatz "international geächteter Vakuum- und Splitterbomben" berichtete der amtierende Außenminister Tschetscheniens, I. Achmadov, in einem Interview in Istanbul: NZZ, 24.11 1999. Wiedergabe des Berichts einer Augenzeugin von Bombenteppichen in: LG,

eines Journalisten, ob im Tschetschenienkrieg "neue Waffentypen und taktische Methoden der Kampfführung" erprobt wurden, im Dezember 1999 wie folgt geantwortet:[29]

„In Tschetschenien ist das natürlich nicht das Hauptziel, aber der Konflikt wird auch als Möglichkeit betrachtet. in einer realen Kampfsituation taktische Methoden und Waffensysteme zu erproben. Es gibt Muster, die bereits in den Betrieben getestet worden sind: Maschinen, Gewehre, Schutzvorrichtungen, Leit- und Aufklärungsgerät... Sie werden im Rahmen der russischen und internationalen Gesetzgebung erprobt."

Schlussbemerkung

Im Vorfeld der Präsidentschaftswahl in Russland hat der außenpolitische Redakteur der Moskauer Zeitschrift "Kommersant-vlast", A, Mursalijew, die Auffassung vertreten, "Europa und die GUS haben den Präsidenten Russlands gewählt", der Wahlgang am 26. März sollte deshalb zutreffender als eher formales "Referendum" bezeichnet werden. Seine Einschätzung begründete er mit dem Verlauf der Sitzung der Parlamentarischen Versammlung des Europarats in Straßburg und des GUS-Gipfels in Moskau.[30] Ob sich angesichts der starken Rolle des militärischen Sektors und staatlicher Institutionen im Selbstverständnis Putins Erwartungen auf einen späteren - nach erfolgter Stabilisierung - liberalen Reformkurs Putins erfüllen werden, scheint eher zweifelhaft.

Nr. 46/1999, S. 1. Für die Taktik der "verbrannten Erde" hat sich z.B. A. Ruckoj ausgesprochen: NG, 20.1.2000 (elektr. Fassung).
[29] Vek, Nr. 47/1999, S. 3.
[30] Kommersant-vlast', Nr. 4/2000, S. 46.

Literatur

Wagner, C.: Die Beziehungen zwischen Grosny und Moskau in der Zwischenkriegszeit, in: M. Sapper (Hrsg.), Russland und der zweite Tschetschenienkrieg, Untersuchungen des Forschungsschwerpunkt Konflikt- und Kooperationsstrukturen in Osteuropa an der Universität Mannheim, 22/1999, S. 8-15.

Anna Politkovskaja: Tschetschenien. Die Wahrheit über den Krieg. DuMont, Köln 2003

Robert Seely: Russo-Chechen Conflict 1800-2000. A deadly Embrace. Routledge, London 2001

Florian Hassel: Der Krieg im Schatten. Russland und Tschetschenien. Surkamp, Frankfurt am Main 2003

Halbach, U.: Krieg in Dagestan, Aktuelle Analysen des BIOst, Nr. 28/1999, Köln.